글 이기규

재미있고 신나게 공부하는 학교를 좋아하는 초등학교 선생님입니다.
신나고 무섭고 신기한 이야기를 어린이들에게 들려주고 싶어서 여러 이야기책을 썼습니다.
오늘도 어린이들이 이야기를 통해 즐겁게 배울 수 있도록 열심히 쓰고 있습니다.
쓴 책으로 『옛날 옛적 자판기』『어느 날 우리 집에 우주 고양이가 도착했다』
『용 튀김』『장자 아저씨네 미용실』『착한 모자는 없다』『시험지 괴물』 등이 있습니다.

그림 유경화

눈을 감았다 뜨면 바로 아침이 되면 좋겠다고 생각하며 잠자리에 들던 때가 있었습니다.
어서 학교로 달려가고 싶었거든요. 바로 초등학교 때였습니다. 자꾸 열어 보고 싶은 앨범처럼
소중한 기억으로 간직하고 있습니다. 지금은 달라진 학교를 알아 가면서 무지갯빛으로 화려하게
그렸습니다. 다양하고 재미있는 꿈을 꿀 수 있는 학교가 되었으면 좋겠다고 소망해 봅니다.
그림으로 따듯한 대화를 나누고 싶습니다.
그린 책으로는 『아이스크림은 어디서 왔을까』『안읽어 씨 가족과 책 요리점』『블루마블』
『세상에 없는 가게』『빨간 머리 마녀 미로』『고조를 찾아서』 등이 있습니다.

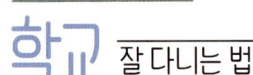

학교 잘 다니는 법

2021년 5월 14일 1판 1쇄
2024년 1월 20일 1판 4쇄

ⓒ이기규, 유경화, 곰곰 2021

글 : 이기규 | 그림 : 유경화 | 기획·편집 : 곰곰_전미경, 안지혜 | 디자인 : 권석연 | 편집관리 : 그림책팀
제작 : 박흥기 | 마케팅 : 이병규, 양현범, 이장열, 김지원 | 홍보 : 조민희 | 인쇄 : (주)로얄프로세스 | 제책 : 책다움
펴낸이 : 강맑실 | 펴낸곳 : (주)사계절출판사 | 등록 : 제406-2003-034호
주소 : (우)10881 경기도 파주시 회동길 252
전화 : 031)955-8588, 8558 | 전송 : 마케팅부 031)955-8595 편집부 031)955-8596
홈페이지 : www.sakyejul.net | 전자우편 : picturebook@sakyejul.com
페이스북 : facebook.com/sakyejulpicture | 트위터 : twitter.com/sakyejul
블로그 : blog.naver.com/skjmail | 인스타그램 : sakyejul_picturebook

값은 뒤표지에 적혀 있습니다. 잘못 만든 책은 구입하신 서점에서 바꾸어 드립니다.
사계절출판사는 성장의 의미를 생각합니다. 사계절출판사는 독자 여러분의 의견에 늘 귀 기울이고 있습니다.

ISBN 979-11-6094-726-7 74370 ISBN 978-89-5828-445-1 74370(세트)

자신만만 생활책

학교
잘 다니는 법

이기규 글 ★ 유경화 그림

사□계절

새 학년 새 학기다!   4

지각하지 않고 싶어!   6

앗, 가정 통신문은 어디 간 거야?   10

어떻게 친구를 사귈 수 있지?   12

또 안 가져왔어, 준비물!   16

맛없는 급식 반찬 꼭 먹어야 해?   20

운동장에서 다치지 않고 싶어   24

나도 수업 시간에 집중하고 싶어   28

어떻게 해야 시험을 잘 볼 수 있지?   32

친구 때문에 화가 날 때는 어떻게 해?   36

선생님과 잘 지내고 싶어   40

고민이 있는 친구들 다 모여!   44

질문 마왕과 대결하는 똘똘이   48

오늘도 학교에 간다   52

새 학년 새 학기다!

"이제 나도 한 학년 더 올라갔으니 달라져야지!"
지민이가 두 주먹을 불끈 쥐었어요.
작년에 지민이는 학교생활이 너무 힘들었어요.
공부도 재미없고, 아이들과 많이 싸우고, 맨날 선생님께 꾸중을 들었거든요.
학교에 가기 싫어서 꾀병을 부린 적도 있어요.
하지만 새 학년이 됐으니 이제 달라질 거예요. 반 아이들과 잘 지내고,
공부도 할 거라고요. 진짜예요.
지민이는 '지민이의 다짐'을 크게 써서 벽에 붙였어요.
"똘똘아, 어때? 멋지지?"

지각하지 않고 싶어!

앗, 또 지각이에요! 지민이가 헐레벌떡 학교로 달려갔어요.
"지민아, 책가방은 들고 가야지!"
똘똘이도 헐레벌떡 지민이를 쫓아갔어요.
새 학년 첫날부터 지각이에요. 똘똘이가 몇 번이나 깨웠지만,
지민이는 눈을 쉽게 뜰 수가 없었어요.
교실 문을 여니, 반 아이들은 다 와 있어요.
지민이는 너무나 창피했어요.
"지각을 안 하려면 어떻게 해야 하지?"
집에 돌아온 지민이는 고민에 빠졌어요. 그때 기발한 생각이 떠올랐어요.
지민이는 또 상상 속으로 떠납니다.

오늘부터 잠을 안 자는 거야!

그러면 일어날 필요도 없고, 지각도 하지 않겠지.

눈이 감기지 않도록 눈꺼풀을 잡고 있자.

졸릴 때마다 똘똘이가 심벌즈를 울리는 거야.

너무 졸려서 안 되겠어.

엄청나게 큰 자명종을 사야겠어!

자명종이 큰 소리를 내면 벌떡 일어날 수 있을 거야.

아이고, 이 방법도 안 될 것 같아요.
어쩌면 좋을까요?
풀이 죽어 있는 지민이에게 똘똘이가
어깨를 톡톡 두드렸어요.
"일찍 일어나는 좋은 방법이
있는데 알려 줄까?"
똘똘이의 말에 지민이가
고개를 힘차게 끄덕였어요.

지각하지 않는 법

지민아, 네가 지각하는 이유는 늦잠을 자기 때문이지! 밤늦게까지 잠을 안 자니까 늦잠을 자는 거야. 어제도 열한 시가 넘도록 텔레비전을 보다가 잤잖아. 사람은 잠을 충분히 자야 해. 왜 그런 줄 알아?

잠을 자는 동안 우리는!
★ 깨어 있을 때 쌓였던 피로를 풀어.
★ 병원균을 막을 힘을 길러.
★ 오늘 배운 여러 가지 것들을 머릿속에 기억하고 정리해.
★ 잘 자라게 돕는 호르몬을 만들어.

얼마나 자야 할까?
하루에 여덟 시간 넘게 자는 게 좋아. 어린이는 열 시간은 자야 하지. 이보다 조금 자면 졸린 게 당연해. 충분히 잠자지 못했을 때 몸이 자꾸 더 자려고 하는 거야.

강아지는 그보다 훨씬 많이 잔다.

늦게 자는 습관을 바꾸기!

밤 아홉 시에는 꼭 잔다고 약속해!
누구랑 약속할까? 누구하고든.
자기랑 해도 되고, 로봇 인형이랑
해도 돼. 약속을 지키려고 노력하면
일찍 자는 습관이 생길 수 있어.

눈을 감고 잠들 때까지 기다리자
일찍 눕는다고 해서 금방 잠이 오지는
않을 거야. 늦게 자는 버릇이 들었기
때문이야. 그러니 처음에는 노력을 해야
돼. 잠이 안 와도 눈을 감고 있어 보자.

**눕기 전에 따뜻한 물로
씻는 것도 좋아**
몸이 조금 따뜻하게 데워진
상태로 눈을 감으면 잠이 잘 와.

일찍 일어났는데도 지각했다고?

아침에 준비물을 챙기느라
허둥대다가 늦었겠지.
저녁에 미리미리 준비해 놓자!

아침에 일어났는데 몸이 아플 때는 어떡해?

아플 땐 쉬어야지. 보호자한테 말하고,
쉬기로 했으면 담임 선생님한테 전화해서 알리기.
집에서 푹 쉬거나 병원에 가는 게 좋아.
몸이 건강해야 학교생활도 즐겁게 할 수 있지.

앗, 가정 통신문은 어디 간 거야?

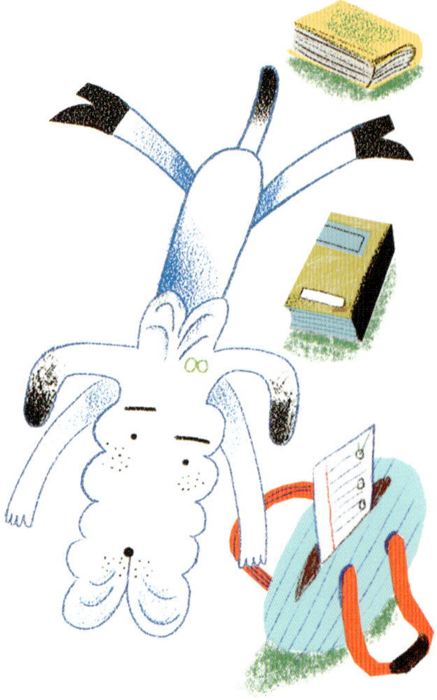

학교에서 돌아온 지민이가 가방을 뒤지고 있어요.
가정 통신문이 안 보여요. 학교에 놓고 온 걸까요?
놀이동산으로 놀러 갈지 말지를 결정하는 중요한 가정 통신문이라고요.
가방을 뒤집어서 탈탈 털었어요. 장난감과 과자 봉지, 구겨진 종이만 보여요.
그때 똘똘이가 가방에서 떨어진 종이 뭉치를 가져왔어요.
꼬깃꼬깃한 종이 뭉치를 펴니 바로 가정 통신문이에요.
"가정 통신문을 어떻게 하면 잘 챙길 수 있지? 아! 맞다, 이러면 어떨까?"
지민이가 상상을 해요.

가정 통신문을 받자마자 통째로 외우는 거야!

오늘 가정 통신문은 세 장이야.
눈이 빠지게 들여다보며 모두 외우는 거야.
그럼 가정 통신문은 없어도 되지. 다 외웠거든!

가정 통신문을 잃어버리지 않게 몸에 붙이는 거야!

등에 하나, 가슴에도 하나, 다리에도 하나.
이제 잃어버릴 걱정이 없지.

이 방법도 아니구나.
똘똘아, 어떡하지?

가정 통신문 잘 챙기는 법

가정 통신문은 학교에서 알려야 할 중요한 일을 전달하기 위해 만든 거야.
잘 모르는 내용이 적혀 있어도 꼭 챙겨야 해. 안 챙기면 곤란한 일이 생길 수 있어.

가정 통신문을 받자마자 바로 가방에 넣기!

책상 위나 사물함에 넣어 두면 깜빡하고 안 가져갈 수 있어.

파일 홀더가 있으면 좋아

가방에 그냥 넣으면 책 사이에 끼이거나 구겨져서 찾기 어려울 수 있어. 가정 통신문끼리 모아서 파일 홀더에 넣으면 안전하게 챙길 수 있지. 파일 홀더가 없다고? 가정 통신문을 반으로 접어서 가방 앞주머니에 넣어 두면 쉽게 찾을 수 있을 거야.

알림장에 적어 둬

가정 통신문을 받았는지, 내용은 무엇이었는지 알림장에 적어 둬. 그러면 잃어버려도 내용을 알 수 있어.

집에서 알림장 앱을 확인해 볼 수도 있어.

이참에 휴대 전화 하나 사 달래야겠어.

나는 말렸다.

가정 통신문을 잃어버렸을 때는 어떻게 하지?

가정 통신문은 모두 학교 홈페이지에 올라가 있어. 잃어버렸을 때는 학교 홈페이지에 들어가서 확인해 봐. 홈페이지에 아직 올라오지 않았거나 컴퓨터를 쓸 수 없을 때도 있지. 그럴 때는 친구들이나 선생님께 물어보면 되지. 다음 날 선생님이 여분을 주실 수도 있어.

어떻게 친구를 사귈 수 있지?

"아무도 나랑 놀지 않아."
지민이는 아직도 같은 반 친구를 사귀지 못했어요.
지난해 같은 반이었던 아이들은 지민이만 봐도 슬금슬금 피해요.
너무 개구쟁이였으니까요.
새 친구를 사귀려니까 어떻게 해야 할지 모르겠어요.
지민이가 기운 없이 웅크리고 있으니까 똘똘이가 핥아 줍니다.
지민이는 기분이 조금 나아졌어요.

새 친구와 무슨 말로 시작할까

누구나 새 학년 새 교실에 들어가면 긴장될 거야.
우리 멍멍이들도 낯선 개 놀이터에 가면 긴장한단다.
이럴 때 누가 말을 걸어 주면 좋을 텐데.
내가 먼저 용기를 내서 말을 걸어 보는 건 어떨까?

내 이름을 말해 보자

조금만 용기를 내서 "나는 지민이야. 너는 이름이 뭐니?" 하고 인사해 봐. 물론 밝은 얼굴로 인사를 해야지. 그때부터 대화가 시작되는 거야.

도와 달라고 해 보자

너무 수줍어서 인사하기 어렵다면, 간단한 도움을 요청해 봐. "지우개 좀 빌려줄래?" 그 정도는 누구나 도와줄 거야.

친구들 이름을 기억하자

새 학년이 되면 낯선 친구들이 더 많잖아. 친구들 얼굴과 이름을 기억해 두면 친해지기 더 쉬울 거야. 네 이름을 아는 친구를 보면 너도 반갑잖아.

친구와 잘 지내는 법

친구 말을 귀담아 듣기

누군가 내 이야기를 잘 들어 주면 존중받는 기분이 들어. 친구가 하는 이야기를 잘 들으려고 노력해 봐. 친구가 말을 할 때, 눈을 보고 집중하면 친구의 이야기와 생각을 잘 이해할 수 있어.

같이 좋아하는 걸 찾기

같이 좋아하는 걸 찾아서 이야기를 나누어 봐. 야구를 좋아하면 야구 이야기를 하는 거지. 그럼 쉽게 가까워질 수 있어.

친구의 선택을 존중하기

친구라고 무조건 모든 걸 같이 해야 하는 건 아니야. 같이 못 놀 때도 있어. 내 생각과 다를 때도 있고. 그러니까 나랑 같이 못 논다고 화낼 필요 없어. 친구가 놀자고 할 때 내가 못 놀 수도 있지. 그때는 이렇게 이야기를 해 봐.

또 안 가져왔어, 준비물!

"모두 리코더를 꺼내세요."
음악 시간, 선생님 말씀에 지민이는 깜짝 놀랐어요.
리코더를 안 가져왔기 때문이에요.
"오늘 선생님이 리코더 가져오라고 했어?"
짝꿍인 다솜이에게 귓속말로 물어봤어요.
"어제 알림장에 안 적었어?"
생각해 보니 지민이도 알림장에 쓰긴 했지만,
책상 속에 두고 집에 가져가지도 않았어요.
지민이는 고개를 푹 숙였어요.
어떻게 하면 준비물을 잘 챙길 수 있을까요?
"그래, 이런 방법을 쓰면 어떨까?"

준비물 빌려주는 친구를 만드는 거야!

그런 친구가 잔뜩 있으면 필요할 때마다 빌리면 되잖아.

가족 호출 버튼을 만드는 거야!

빨간 버튼을 누르면 언제든지 가족이 달려와서 준비물을 주면 되지 않을까?

준비물 잘 챙기는 법

알림장을 잘 쓰자

선생님이 칠판에 적어 주는 알림장 내용을 또박또박 알아보기 쉽게 쓰자. 그래야 어떤 준비물을 챙겨야 하는지 알 수 있어.

새로 사야 하는 준비물은 부모님께 미리 알리자

부모님이 저녁 늦게 오시는 날도 있잖아. 부모님이 집에 오실 때까지 기다리지 말고, 준비물을 사 달라고 전화나 문자를 보내는 게 좋아. 그래야 문구점이나 슈퍼가 문 닫기 전에 살 수 있지.

집에 오자마자 준비물을 챙기자

잊어버리기 전에 준비물을 챙겨 넣는 습관을 가지면 준비물을 빠뜨리는 일이 없을 거야.

자주 쓰는 준비물은 학교 사물함에 넣어 두자

색연필, 가위, 리코더는 학교 사물함이나 책상 속에 넣어 둬. 알림장과 가정 통신문은 무조건 가방에! 교과서는 책상에! 다른 준비물은 사물함에!

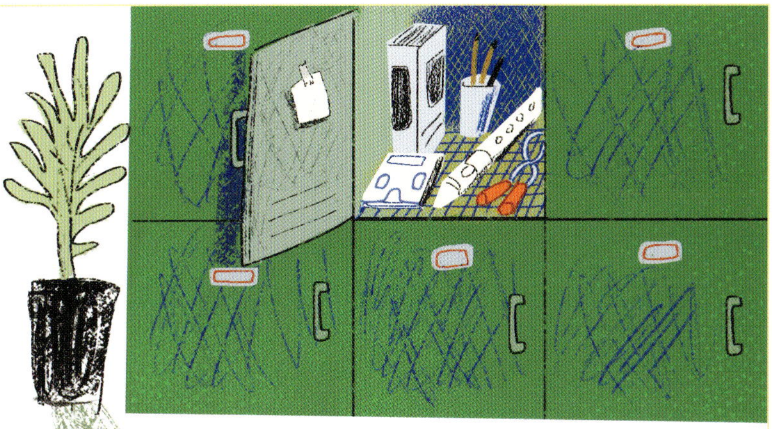

자꾸 알림장을 잃어버린다면 어쩌면 좋지?

요즘은 보호자 휴대 전화로 알림장 내용이 발송되기도 해. 내가 신경 쓰지 않아도 되니 편하겠지만, 보호자의 도움 없이 준비물은 스스로 챙기는 게 더 좋지. 학교에서는 알림장을 쓰자마자 가방에 넣자. 집에서는 가방을 닫기 전에 알림장을 넣었는지 확인하자.

맛없는 급식 반찬 꼭 먹어야 해?

"선생님, 배가 아파서 점심 못 먹겠어요."
"진짜 배가 아픈 거 맞아? 배 속에서 꼬르륵 소리가 나는데?"
거짓말이 들통나자, 지민이는 얼굴이 빨개졌어요. 사실은 배가 고팠어요.
3교시 시작할 때부터 점심시간을 기다렸거든요. 그런데 급식 반찬을 보는 순간,
딱 먹기 싫어졌어요. 오늘 반찬은 시금치, 해물탕에 연근!
지민이가 싫어하는 반찬뿐이에요.
선생님은 음식을 골고루 먹어야 한다고 하지만, 싫은 건 싫은 거라고요.
어떻게 하면 급식을 즐겁게 먹을 수 있을까요?
"그래, 이런 방법이면 어떨까?"

점심시간마다 최면을 거는 거야

"이제부터 나는 모든 반찬을 맛있게 먹는다."

맛있는 과자랑 같이 점심을 먹는 거야

밥 한 숟가락, 과자 한 숟가락, 국 한 숟가락, 과자 한 숟가락, 좋은 생각이지?

급식 맛있게 먹는 법

먹는 걸 제일 좋아하는 지민이도 점심시간이 싫을 때가 있네!
싫어하는 반찬이 나올 때는 이렇게 해 봐.

처음 먹는 음식에 용기를 내자

처음 본 음식은 맛을 모르니까 겁이 날 때가 있지.
특히, 음식이 이상하게 생기면 더 그래.
하지만 먹어 보지 않으면 맛을 알 수가 없어.
겉모양과 달리 맛있는 음식도 많아.

어, 도토리묵이 이렇게 맛있는 거였어?

어렸을 때 좋아하지 않았던 음식도 조금씩 맛보자

어렸을 때 못 먹던 음식도 시간이
지나면 먹을 수 있게 되기도 해.
맛을 느끼는 감각이 변하기 때문이야.

모든 음식을 다 먹을 필요는 없어

입에 너무 맞지 않으면 억지로 먹지 않아도 돼.
특히, 몸에 알레르기를 일으키는 음식은 절대 먹으면 안 돼.
그런 음식들은 미리 선생님께 말하는 것 잊지 말고.

초콜릿, 땅콩 알레르기

과자나 청량음료는 적당히 먹자

이런 걸 너무 많이 먹으면 다른 음식의 맛을 느낄 수 없게 돼.
자꾸 달고 짠 것만 찾게 되거든. 건강에 안 좋으니까 조금만 먹자.

급식 먹은 뒤 잊지 말아야 할 것은?

바로 이 닦기! 윗니, 아랫니, 안쪽, 바깥쪽을
살살이 부드럽게 닦자. 혓바닥 닦는 것도 잊지 말고.

음식을 남기지 않으려면?

간단해. 먹을 만큼만 가져오는 거야.
★ 좋아하는 반찬을 많이 받았으면, 다른 반찬을 덜 받기.
★ 조림은 대개 짠맛이 강하니까 조금만 가져오기.
★ 국수 종류는 평소 자기가 먹는 밥 양만큼 가져오기.
★ 먹다가 모자라면 더 가져오면 된다는 걸 기억해.

운동장에서 다치지 않고 싶어

"엉엉, 너무 아파요!"
지민이가 보건실에서 눈물을 뚝뚝 흘렸어요.
정글짐에서 놀다가 그만 다리를 다쳤어요.
"며칠 약 잘 바르면 나으니까 너무 걱정하지 마."
보건 선생님이 치료해 주셨어요.
지민이는 학교에서 놀다가 자꾸 다쳐요.
팔다리에 멍도 생기고 상처가 나기도 하지요.
"다치지 않고 즐겁게 놀 수 없는 걸까?
그래, 이러면 어떨까?"

운동장에서 안전하게 노는 법

지민이는 왜 자꾸 다칠까?
급해서 그래. 놀고 싶어서 마구 뛰고, 주위도 안 살피잖아.
안전하게 노는 법을 알려 줄 테니 잘 들어 봐.

놀기 전에 준비 운동을 하자

갑자기 뛰거나 움직이면 다칠 수 있어. 발목, 손목, 무릎과 허리를 천천히 크게 움직여서 부드럽게 만들어 주는 게 좋아. 준비 운동은 코에 땀이 살짝 날 만큼 하면 돼.

놀이 기구 사용법을 지키자

미끄럼을 탈 때는 위에서 아래로!
미끄럼대에 거꾸로 올라가지 말자.

정글짐 위에서 한 번에 뛰어내리지 말고, 차근차근 내려오기.

공놀이하는 운동장을 지나갈 때는 공에 맞을 수도 있으니 조심하자.
공놀이를 하는 친구도 마찬가지.

위험하고 낡은 놀이 기구는 꼭 신고하자

운동장에 날카롭고 위험한 물건이 있으면 선생님한테 알려. 위험하니까 절대 건드리면 안 돼. 놀이 기구가 너무 낡아서 위험할 때도 마찬가지야.

아, 뛰어놀고 싶다!

아픈 데가 나아야 놀지.

운동장에서 놀다가 다쳤을 땐 어떡해?

조금이라도 다쳤으면 보건실로 가는 게 좋아. 작은 상처라도 제때 치료해야 돼. 그러지 않으면 상처가 덧나거나 병균이 들어갈 수도 있어. 머리를 부딪혔을 때는 꼭 보건실에 가서 이상이 없는지 확인해야 해. 사람의 머리는 크게 다쳤어도 겉으로는 표가 안 날 때가 있어.

난 괜찮아

미안해

나도 수업 시간에 집중하고 싶어

"강지민, 수업 시간엔 집중!"
옆자리 친구와 떠들던 지민이가 깜짝 놀랐어요.
"강지민, 졸지 마!"
지민이는 꾸벅꾸벅 졸다가 깜짝 놀라 자리에서 벌떡 일어났어요.
반 아이들이 모두 웃음을 터뜨렸어요. 지민이는 창피했어요.
지민이도 수업 시간에 열심히 하고 싶지만 쉽지 않았어요.
자꾸만 친구랑 이야기하고 싶고, 가만히 있으면 졸음이 몰려왔어요.
"어떻게 하면 수업 시간에 집중할 수 있지?"

붕대로 몸을 감는 거야

의자와 몸을 붕대로 꽁꽁 묶어 놓는 거야.
그러면 딴짓 못 하고 수업에 집중할 수 있지 않을까?

졸음 방지 의자를 만드는 거야

졸면 뽕망치가 머리를 두드려서 깨우는 거지.
그러면 바로 깨서 공부할 수 있겠지?

수업 시간에 집중하는 법

수업이 재미없을 거라고 미리 생각하지 말자.
오늘은 선생님이 어떤 새로운 걸 알려 줄지 기대하면서 수업을 들으면 좋아.

선생님 눈을 보자

선생님이랑 단둘이 공부하는 것처럼
선생님과 눈을 맞추며 수업을 해 봐.
그러면 졸리지도 않고 집중이 잘될 거야.

선생님의 질문에 대답해 보자

정답을 맞히지 못해도 괜찮아. 선생님의
질문에 대해서 자기 생각을 씩씩하게 말해 봐.

그렇다고 너무 아무 말이나 하지 말고.

궁금하거나 모르는 건 꼭 물어봐

그러다 보면 나랑 선생님이랑 단둘이 수업하는 것처럼
느껴져서 수업에 집중할 수 있어. 모르는 건
부끄러운 게 아니야. 아는 척하는 게 창피한 거지.

수업하기 전에 교과서 내용을 살짝 살펴봐

그러면 내가 궁금한 부분이 무엇인지도 알 수 있어. 그걸 알고 싶어서 수업에 집중이 더 잘되겠지. 그렇다고 너무 많이 공부하면 수업이 재미가 없어지니까 살짝 보는 거야, 알겠지?

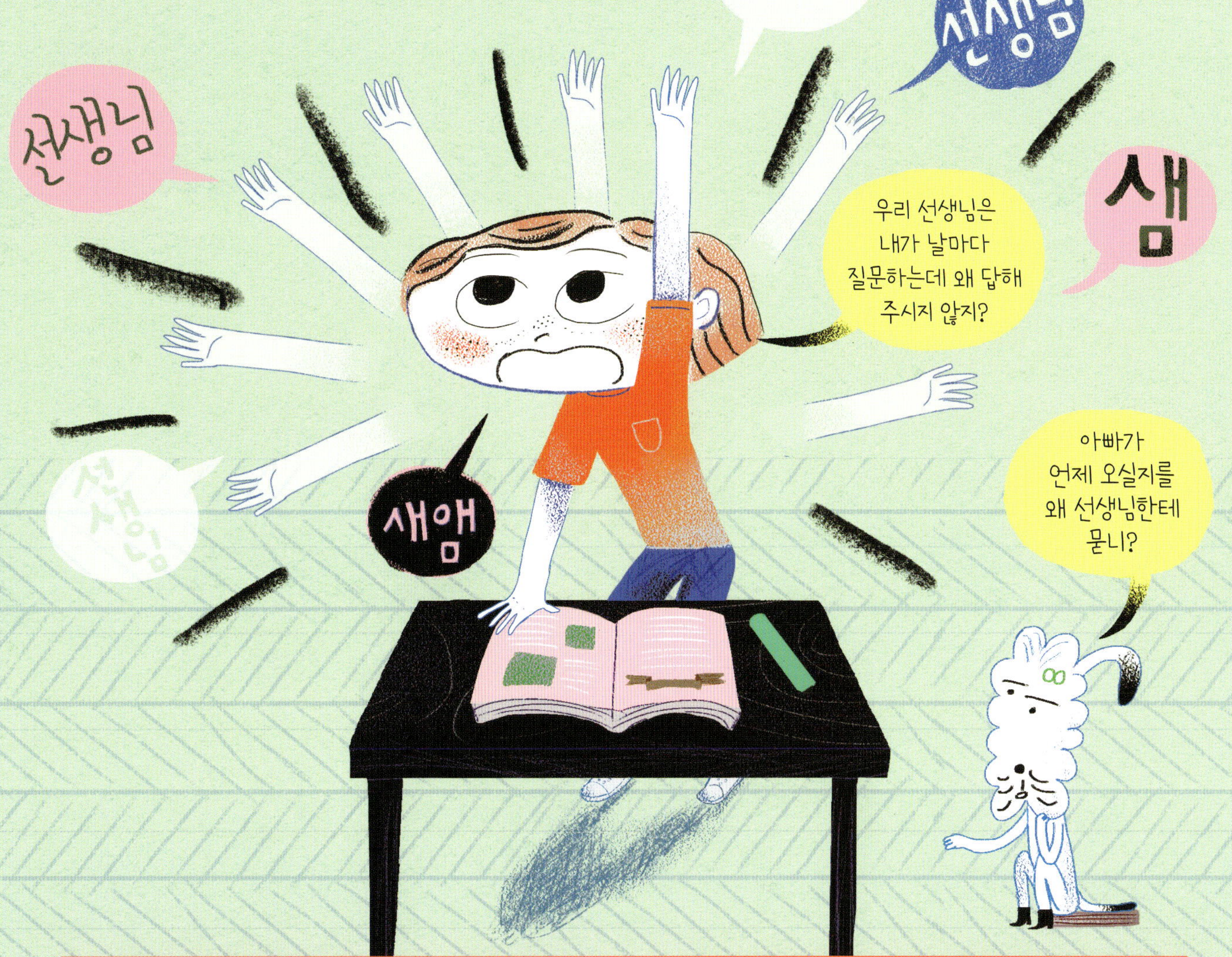

우리 선생님은 내가 날마다 질문하는데 왜 답해 주시지 않지?

아빠가 언제 오실지를 왜 선생님한테 묻니?

수업 시간이 정말 재미가 없는데, 참고 공부해야 할까?

공부가 즐겁고 재미있다고 억지로 생각해도 효과가 있을까? 신기하게도 그렇게 생각하는 것만으로도 효과가 있대. 사람은 행복하고 즐거운 마음일수록 더 많은 지식을 배울 수 있는 상태가 된다고 해. 그러니까 억지로라도 '즐겁게 공부해야지.' '와, 수업 시간이 너무 기다려져!' 하는 마음가짐을 가지면 집중이 더 잘된다는 거야.

어떻게 해야
시험을 잘 볼 수 있지?

오늘 시험을 봤는데 시험지에 동그라미 개수보다 빗금 개수가 훨씬 많았어요.
지민이는 너무나 속상했어요.
지나고 보니 다 아는 문제였는데 틀려서 더 안타까웠어요.
지민이는 아무것도 하기 싫었어요.
좋아하는 텔레비전 보기도, 똘똘이와 산책하기도 귀찮아졌어요.
어떻게 하면 시험을 잘 볼 수 있을까요?

아주 커다란 엿을 먹는 거야

텔레비전 보니까 시험 보는 학생한테 엿을 주던걸.
큰 엿을 먹으면 나도 시험을 잘 보게 되지 않을까?

스파이가 되어서 시험 문제를 먼저 보는 거야

시험공부하는 법

시험을 잘 보려면 수업 시간에 집중하는 게 가장 좋아.
집에서는 교과서를 중심으로 공부하자.
그리고 어떤 것이 중요한 내용인지 잘 알고 공부해야 해.

국어 시험을 볼 때는 시험지 속 글을 잘 읽어야 해

문제를 잘 읽는 것도 중요해. '찾아서 그대로 쓰시오.' 하면 찾은 내용을 그대로 적어야 정답인 거야. '자신의 생각을 쓰시오.' 했다면 생각을 쓰는 거고.

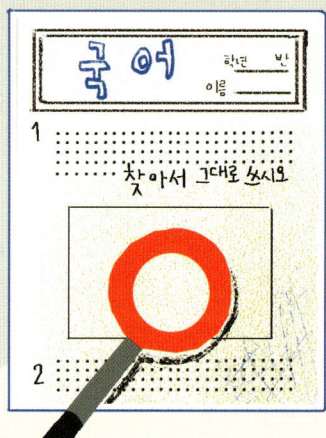
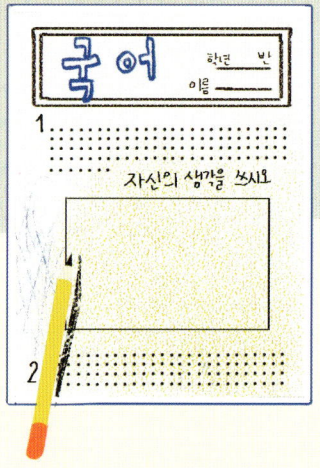

사회 공부는 글 내용뿐 아니라 그림이나 사진, 지도 같은 것도 중요해

교과서에 나온 여러 사진, 그림과 도표 내용도 꼼꼼히 봐야 이해할 수 있어.

수학을 공부할 때는 풀이법을 먼저 보지 말고 스스로 방법을 찾아

풀이 과정을 미리 보면 자기가 푼 게 아니라서 제대로 알지 못해. 어려운 문제라도 풀이법을 보지 말고 스스로 문제를 푸는 게 공부야.

과학 과목은 실험한 결과와 왜 그런 결과가 나왔는지를 정확히 알고 있어야 해!

평소 수업 시간에 열심히 참여하는 것이 가장 중요해.

우리 엄마, 아빠도 어렸을 때 시험을 잘 봤을까?

그건 일급비밀이야.

잘 외워지지 않거나 이해하기 어려운 내용은 어떻게 공부하면 좋을까?

내가 선생님이 된 것처럼 누군가에게 가르쳐 준다고 상상하면서 공부해 봐. 큰 소리로 설명하면서 공부하면 내용을 잘 정리할 수 있어. 누군가를 가르치려면 정확히 알아야 하잖아. 조용히 눈으로 읽으면서 공부하는 것보다 더 빨리 내용을 이해할 수 있어.

똘똘아, 집중해서 잘 들어 보라고.

지민아, 집중해서 잘 설명하라고.

친구 때문에 화가 날 때는 어떻게 해?

오늘 지민이는 수민이와 싸웠어요.
수민이가 지민이의 비밀을 다른 아이들한테 말했어요. 지민이는 화가 나서
수민이를 세게 밀쳤어요. 그러자 수민이도 지민이한테 달려들었지요.
"앞으로 수민이하고 절대 놀지 않을 거야!"
집에 돌아와서도 지민이는 화가 풀리지 않았어요.
하지만 내일부터 학교에서 수민이랑 놀지 않는다고 생각하니, 이상하게 슬퍼졌어요.
수민이가 잘못한 게 사실이지만, 수민이를 세게 밀친 것은 후회가 돼요.
친구와 싸워서 화가 날 때는 어떻게 해야 할까요?

화가 날 때마다 화를 꿀꺽꿀꺽 삼키는 거야

친구들과 싸우면 안 되니까 화가 나도 꾹꾹 참는 거야.

화가 날 때마다 친구들을 혼내 주는 거야

누구든 나를 화나게 하면, 한 방에 날려 버려야지!

친구와 화해하는 법

우리는 모두 다 달라. 생각도 제각각이라 가끔 다투기도 하고,
작은 실수로 오해를 만들기도 해. 어쩌면 싸우는 건 자연스러운 일이야.
그런데 제대로 화해하지 않고 시간이 지나가 버리면 친한 친구를 잃을 수도 있어.
어떻게 하면 친구들과 잘 화해할 수 있을까?

먼저 화를 가라앉혀 봐

천천히 열까지 세어 봐. 그러다 보면 화가 조금씩 가라앉을 거야. 그래도 안 되면 종이를 마구 구겨 봐. 운동장을 한 바퀴 힘껏 달리는 것도 좋아.

왜 화가 났는지 곰곰 생각해

화가 좀 누그러졌으면 내가 왜 화가 났는지 곰곰 생각해 보자. 버럭 화를 내거나 주먹을 휘두르는 것보다 친구에게 자기가 왜 화가 났는지 말하는 게 좋아.

내가 잘못한 일은 바로 사과해

친구들이 하지 말라고 말할 때는 그 행동을 바로 그만두는 게 가장 좋아. 이것만 잘 지켜도 큰 문제는 일어나지 않아. 못 지켰다면 바로 사과하기.

휴대 전화나 인터넷으로 대화할 때는 예의를 갖추는 게 좋아

표정이나 몸짓이 안 보여서 오해가 생기기 쉬워. 일부러 그런 게 아닌데 상처를 줄 수 있거든.

화해를 하고 싶은데, 말로 하기 어려울 때 어떻게 하면 좋을까?

말하지 않으면 친구가 네 마음을 알 수 없어.
말이 어려우면 글로 마음을 전해 보자. 글로 화해를 할 때는 주의할 점이 있어.

사과할 때는 친구의 탓을 쓰지 말자

사과 편지의 목적은 누가 더 잘못했는지를 따지는 게 아니거든.
내 잘못을 인정하고 다시 친하게 지내기를 바라는 거야.
둘 다 잘못했더라도 내가 먼저 용기를 내는 거잖아.
편지를 받은 친구도 고마워할 거야.

어떤 점이 미안한지 구체적으로 쓰자

그냥 미안하다고만 쓰면 친구 마음이 풀리지 않아.
앞으로 친하게 지내자는 말도 빼놓지 말고.

글씨를 또박또박 쓰자

친구가 무슨 말인지
알아볼 수 있어야지.

선생님과 잘 지내고 싶어

"다솜아, 고맙다!"
"역시 수영이가 최고야!"
지민이는 선생님이 다른 아이를 칭찬할 때마다 부러워요.
지민이도 선생님한테 칭찬받고 싶고 인정받고 싶거든요.
그런데 선생님은 지민이에게 항상 이런 말만 해요.
"지민아, 그만!"
"지민아, 집중해야지."
"지민아, 숙제는?"
지민이는 선생님이 저를 미워하는 것 같은
생각이 들었어요. 며칠 전에는 선생님이 수민이가
잘못한 걸 지민이 잘못으로 알고 꾸중했어요.
선생님이 정말 지민이를 미워하는 걸까요?
지민이는 어떻게 하면 선생님한테 칭찬받을지 생각했어요.

선생님한테 애들이 무얼 했는지 보고하는 거야

탐정처럼 다른 아이를 엿보고 있는 거야. 그러다가 잘못한 걸 알아내면 선생님한테 바로 이르는 거지. 그럼 선생님이 나를 칭찬하겠지?

그래, 선생님과 전쟁이야!

선생님이 날 싫어하니까 나도 선생님을 괴롭혀야지!

통쾌할 줄 알았는데 기분이 좋지 않아.

넌 사실 선생님이랑 잘 지내고 싶은 거잖아.

선생님과 잘 지내는 법

선생님도 싫어하는 반 아이가 있을까? 공부를 못하는 아이들을 싫어할까?
글쎄, 선생님마다 다르겠지만, 공부 못한다고 싫어하지는 않을 것 같은데!
분명한 건 반 아이들에게 골고루 잘해 주고 싶어 한다는 거야.

인사를 잘하자

아침에 만났을 때 "안녕하세요, 선생님!" 하고 인사하자. 수줍어서 못 하겠다고? 딱 세 번만 수줍음을 참고 해 봐. 네 번째부터는 괜찮을 거야.

선생님이 말할 때 잘 듣자

누군가가 내 말을 잘 들어 주면 존중받는 기분이 드는 것은 선생님도 마찬가지야. 선생님이 앞에서 수업할 때 눈 맞추며 잘 듣고, 전달 사항 말씀하실 때 잘 들으면 선생님이 고마워할 거야.

학교생활을 열심히 하자

지민이가 지각하지 않으려 하고, 준비물 잘 챙기려고 하는 게 학교생활을 잘하려고 노력하는 거잖아. 그렇게 노력하다 보면 선생님과 사이가 저절로 좋아지지.

선생님과 꼭 잘 지내야 하냐고?

잘 지내는 게 꼭 친하게 지내는 걸 뜻하지는 않아. 선생님과 학생이 문제없이 지내는 게 잘 지내는 거야. 이건 선생님과 학생이 함께 노력해야 하는 중요한 거지. 서로 존중하며 가르치고 배우는 게 잘 지내는 거야.

내가 하지 않은 잘못 때문에 선생님이 화를 낼 때는 어떻게 할까?

이럴 때는 억울하고 화가 나겠지.
그렇다고 함부로 말을 하면 선생님이 더 오해할 수도 있어.

선생님 이야기가 다 끝날 때까지 기다린 뒤에 억울함이나 오해를 이야기하는 것이 좋아!

그래야 잘 전달이 될 거야. 선생님도 실수를 할 수 있는 사람이야. 그러니까 잘못을 할 수도 있어. 선생님이 나를 싫어해서 이러는 거라고 생각하면 곤란해.

선생님 화가 가라앉은 뒤 차분하게 이야기했는데도 선생님이 무시한다면?

이것은 혼자 해결할 수 없어. 그 선생님에게도 문제가 있을 수 있어. 반드시 보호자에게 상황을 이야기하고 도움을 받아야 해. 알겠니?

고민이 있는 친구들 다 모여!

"우리도 똘똘이가 필요해!"
"그래, 똘똘이한테 묻고 싶은 게 많아!"
지민이가 학교생활을 점점 잘하게 되고 친구들도 많이 사귀게 되었잖아요.
그게 다 똘똘이 덕분이라는 걸 아이들이 알게 됐어요.
지민이는 똘똘이가 자랑스러웠어요.
"좋아, 고민이 있는 친구들은 모두 모여!"
똘똘이는 커다란 안경을 쓰고 아이들 앞에 섰어요.
그리고 아이들의 고민에 대해 하나하나 대답해 주었지요.

고민이 뭐니?

똘똘이에게 물어봐!

"똘똘아, 꼭 친구를 사귀어야 해?
난 화장실도 혼자 가는 게 좋고, 급식도 혼자
빨리 먹고 나서 책 읽는 게 더 좋은데."

누구나 혼자 놀고 싶을 때가 있어. 그게 나쁜 건 아니야.
하지만 학교에서는 같이 생각을 나누고 과제를 해야 할
때도 있어. 그러니까 함께 공부할 수 있을 만큼은 친해지는
게 좋아. 모든 것을 혼자 할 수는 없으니까. 일부러 혼자
떨어져서 있는 건 너무너무 혼자 있고 싶을 때만 하자.

"나는 선생님하고 딱 마주치면 긴장을 해.
뭘 물어봐도 대답이 잘 안 나와.
어떻게 하면 긴장을 안 할 수 있지?"

어른들과 이야기하는 경험이 별로 없어서 그럴 거야.
그럴 때 미리 할 이야기를 생각해 두면 도움이 돼.
말을 되게 잘하지 않아도 돼.
천천히 말해도 잘 들어 줄 테니 너무 걱정하지 마.
자꾸 하다 보면 선생님과 말하는 것에 익숙해질 거야.

"똘똘아, 우리 반에
좋아하는 애가 있는데,
부끄러워서 말을 못 하겠어.
어떡하지?"

누구를 좋아하는 건 자연스러운 감정이야.
하지만 무턱대고 좋다고 말하면 그 아이가
당황하지. 그 아이의 이야기도 들어 주고
도와주면서 네가 어떤 아이인지 보여
주는 게 좋아. 그리고 나서 천천히
좋아한다고 말해 봐. 거절당할 수도 있는데,
그건 당연한 거야. 그러니 실망하지는 말고.

"똘똘아, 애들이 내 옷차림을 보고 자꾸 놀려.
내가 입고 싶어서 입는 게 아니고
엄마가 입으라는 대로 입어야 하거든. 어떡하지?"

반 아이들이나 엄마 생각보단 네 생각이 중요해.
내가 정말 원하는 옷차림인지 잘 생각해 봐.
만약 다른 스타일로 옷을 입고 싶다면 엄마한테
솔직하게 이야기하는 게 좋아. 내가 입을 옷을
고를 기회를 달라고 말이야.

"똘똘아, 애들이 내 짝꿍을 싫어해.
내가 짝꿍이랑 노는 것도 싫대.
난 어떻게 해야 하지?"

중요한 건 네 의견이야. 네가 짝꿍이랑 놀고 싶으면 같이
놀면 돼. 다른 친구의 눈치를 볼 필요는 없어. 그런데 만약
친구들이 짝꿍을 괴롭힌다면, 이건 정말 잘못하는 일이야.
선생님에게 도움을 청해야 해. 이건 고자질이 아니야.

"우리 반에 휠체어를 탄 친구가 있어.
어떨 때는 도와주고 싶은데 함부로 그러면
기분 나빠할 것 같아. 어떻게 대하면 좋아?"

우리 눈에는 불편해 보일 수도 있지만 그 친구는 도움이
필요하지 않을 수도 있어. 그래도 도움이 필요해 보일 때는
친구에게 "도와줄까?" 하고 물어보면 돼. 그냥 휠체어를
타지 않은 친구들과 똑같이 대하면 돼.

질문 마왕과 대결하는 똘똘이

똘똘이가 무슨 고민이든 해결해 준다는 소문이 학교 전체에 퍼졌어요.
그리고 질문 마왕 동수한테까지 알려지게 됐어요.
동수는 질문을 많이 하는 아이로 유명했어요.
"흥, 고민을 잘 들어 주는 강아지라니.
과연 내 질문 폭탄을 감당할 수 있을까?"
다음 날 질문 마왕 동수는 똘똘이에게 도전장을 냈어요.

도전장

지민이의 강아지 똘똘이가 정말 척척박사라면
이 도전을 받아들이기 바란다.
내가 묻는 질문에 답을 할 수 있다면
척척박사 강아지라는 걸 인정하겠다.
도전자! 질문 마왕 박동수

지민이는 깜짝 놀라서 똘똘이에게 도전장을 보여 주었어요.
똘똘이는 아무 말 없이 뒷발로 귀를 후볐어요.

질문 마왕 박동수와 똘똘이가 지민이네 교실에서 만났어요.
동수는 똘똘이를 쏘아보았어요.
잠시 무거운 침묵이 흐르더니, 드디어 동수가 질문 공격을 시작했어요.

질문 마왕 박동수

똘똘아, 학교는 왜 가야 하지?

학교는 살아가는 데 필요한 것들을 배우기 위해 가는 거야. 수학이나 영어 같은 지식만 배우는 것이 아니지. 친구를 만나고 사귀는 법, 사람들이 서로 생각이 다르다는 것을 배우지. 함께 살기 위해 어떤 약속을 만들고 지켜야 하는지를 배우는 곳이지. 그리고 자기 자신에 대해서도 배우는 곳이야.

우아, 대단하다! 학교는 당연히 가야 하는 곳이라고 생각했는데!

자기 자신에 대해 배운다니, 그게 무슨 소리야?

맞아 맞아. 그래그래. 난 아직도 몰라.

나에 대해 처음부터 잘 알고 있는 사람은 없어. 무슨 말이냐면, 내가 좋아하는 것, 잘하는 것, 부족한 것, 관심 있는 것을 태어날 때부터 아는 게 아냐. 학교에서 생활하다 보면 그런 것들을 알게 돼.

그리고 일 학년 때 잘하지 못한 것을 삼 학년 되면 잘하게 된다는 걸 알게 되지. 자기가 노력하면 많은 걸 할 수 있는 사람이라는 것도 알게 되고 말이야. 그래서 사람들은 학교에 가고, 그곳에서 배우는 거야.

똘똘이 장하다! 나도 학교에 왜 가는지 이제 잘 알 것 같아. 똘똘이가 한 말 정말 멋지지 않니?

그럼 공부는 왜 해야 해?
우리 집은 부자야. 난 돈을 안 벌어도 되는데,
나 같은 사람은 공부하지 않아도 되는 거 아냐?

아니, 너도 공부가 필요해. 공부는 대학에 가고
직장을 얻기 위해서만 하는 게 아니야.
내가 하고 싶은 일을 잘하기 위해서, 남을 돕기 위해서,
그리고 세상을 좀 더 행복하게 하기 위해 공부하는 거야.
그리고 지금 이 순간에도 넌 공부를 하고 있어.

내가 공부를 하고 있다고? 말도 안 돼!

네가 지금 나에게 질문하는 게 공부지.
네 질문 덕분에 여기 모인 아이들이 모두 공부가
왜 필요한지, 왜 학교에 가야 하는지 생각하게 됐으니까!
질문을 하는 것도 정말 중요한 공부야.

오늘도 학교에 간다

새 학년이 된 지 벌써 석 달이 지났어요.
지민이는 아직 학교생활이 서툴고 고민도 있지만,
작년처럼 학교 가는 것이 싫지는 않아요.
친구들도 생겼고, 점점 더 학교생활이 즐거워지고 있기 때문이에요.
가장 학교생활을 잘하는 어린이는 아닐지 몰라도,
지금 지민이는 노력하는 어린이인 건 분명하거든요.
이제 어떤 문제도 포기하지 않고 차근차근 해결해 나갈 거예요.
지민이에게 언제나 응원을 보내는, 가장 친한 친구 똘똘이와 함께요.